QUINZE JOURS DE SERVICE ADMINISTRATIF

A

L'HOSPICE CIVIL

DE VICHY

PAR

Alfred **BULOT**

Membre de la Commission administrative
de l'Hospice.

CUSSET

Imprimerie de Mme **JOURDAIN**.

QUINZE JOURS DE SERVICE ADMINISTRATIF

A

L'HOSPICE CIVIL

DE VICHY

PAR

Alfred **BULOT**

Membre de la Commission administrative

de l'Hospice.

1865

QUINZE JOURS DE SERVICE ADMINISTRATIF

A

L'HOSPICE CIVIL

DE VICHY

PAR

Alfred **BULOT**

Membre de la Commission administrative
de l'Hospice.

La position de l'hospice de Vichy au centre d'une ville de luxe et de plaisirs, les aménagements incomplets et insuffisants de l'établissement charitable ont appelé l'attention de l'EMPEREUR et éveillé sa sollicitude.

Sa Majesté a eu la pensée de transporter l'hospice sur un terrain qui lui appartient et situé dans une autre partie de la ville.

Vieillards, enfants, malades pauvres, tous ceux que l'Empereur n'oublie jamais, verraient ainsi s'améliorer leur demeure et, pour Vichy, ce serait un obstacle de moins aux nouveaux projets d'embellissements dont se préoccupe le Souverain, protecteur de la ville thermale.

Le 16 juillet 1864, en séance extraordinaire, M. le Préfet de l'Allier fait connaître à la Commission « que la réu-
» nion de ce jour a pour objet de l'appeler à examiner s'il
» ne serait pas profitable à l'établissement charitable d'en
» transporter les bâtiments sur d'autres dépendances appar-
» tenant à l'hospice........ Il dit que l'Empereur porte le
» plus grand intérêt à l'étude de cette question, qui se rat-
» tache aux embellissements que la ville elle-même peut
» recevoir sur ce point.......... La Commission, empressée
» de répondre aux vues bienveillantes de Sa Majesté, décide
» qu'elle se livrera sans délai à *une étude approfondie*
» des moyens de réaliser avantageusement le projet en
» question. »

Le 20 juillet suivant la Commission administrative, reconnaissant « qu'elle a décidé une *sérieuse étude* de ce
» projet..... . charge M. Batilliat, architecte, de dresser dans
» le plus bref délai possible les plans et devis pour la cons-
» truction des bâtiments et la disposition des dépendances,
» qui devront être affectées aux divers services de l'institu-
» tion charitable. »

Le 22 août la Commission « examine l'ensemble des
» besoins de l'établissement, détermine la division de cha-
» cun des services, fixe le nombre de lits qui doit lui être
» attribué, et décide que les notes de MM. Leroy, président
» et Masset, ordonnateur, seront remises à M. Batilliat,
» présent à la séance, pour lui servir de programme. »

Le 27 janvier 1866 la Commission administrative se réunit pour examiner les plans et devis que M. Batilliat a été chargé d'étudier en vue de la reconstruction projetée d'un nouvel hospice.

Après cet examen, et sur les observations présentées par M. l'architecte, la Commission administrative décide « qu'elle se livrera sans délai à une nouvelle étude des » ressources et des besoins de l'établissement charitable, » en prenant pour base le nombre des lits qu'elle limite » d'ors et déjà à 300, et qu'enfin, elle recherchera dans le » parti qu'il sera possible de tirer de la revente des terrains » sur lesquels l'hospice est actuellement assis, les éléments » qui seuls peuvent permettre la réalisation du projet de » translation que la haute sollicitude de l'Empereur a » daigné soumettre à ses délibérations. »

Toutes ces décisions portent les signatures des membres de la Commission administrative actuellement en exercice.

L'étude du projet de transférement de l'hospice de Vichy se poursuit donc sur les nouvelles bases fixées par la Commission.

Dans l'intervalle surviennent des changements dans l'administration communale.

Le 15 octobre 1865, un nouveau Maire-Président réunit la Commission administrative de l'hospice de Vichy.

L'ordre du jour porte en tête : *étude du projet de transfert de l'hôpital.*

Dans cette séance M. le Président déclare d'abord qu'il n'a trouvé aucune trace officielle de l'intervention de l'Empereur dans cette question, dont il attribue le projet à une toute autre inspiration. Toutefois, comme il désire voir au plus tôt résoudre cette affaire, qui peut arrêter la marche des améliorations à introduire dans l'hospice, il a invité

M. Batilliat, architecte, à soumettre dans cette réunion le résultat de son dernier travail.

M. Batilliat, étant alors introduit, met sous les yeux de la Commission les nouveaux plans et devis qu'il a dressés.

Après quelques observations de M. le Président et un coup d'œil jeté sur les plans et devis, la Commission :

« Considérant qu'il résulte de l'étude et de l'examen
» qui en ont été faits, qu'au lieu d'être avantageux, l'exé-
» cution du projet obérerait les finances de l'hospice ; qu'il
» est du devoir des administrateurs d'apporter la plus
» grande prudence dans des questions aussi grâves et de ne
» pas livrer le bien des pauvres aux hasards de la spécu-
» lation ;

» Considérant d'ailleurs que l'hospice, en abandonnant
» sa position actuelle perdrait les bénéfices de location des
» emplacements, des produits de la chapelle, de la vente
» des pastilles et qu'alors ses revenus se trouveraient ré-
» duits à la seule redevance sur l'expédition des eaux,

» Décide qu'il n'y a pas lieu de donner, quant à présent,
» suite au projet. »

Ainsi se trouverait résolue par cette délibération, cette grande question qui a préoccupé l'Empereur pendant son sejour à Vichy.

J'ai protesté d'abord contre l'insinuation qui jetait un doute sur l'intervention de l'Empereur.

J'ai discuté ensuite la décision de la Commission administrative, que je considère comme une fin de non-recevoir.

La mission de l'administration hospitalière est d'étudier le projet dont elle a été saisie par M. le Préfet de l'Allier, au nom du Souverain.

Elle s'est engagée à faire de ce projet une *étude sérieuse et approfondie*.

Or, l'étude faite jusqu'à ce jour n'est point complète ; elle n'est pas approfondie.

En effet, par les plans et les devis qu'elle possède, la Commission administrative connaît, sans doute, le total de la dépense nécessitée par les constructions projetées, mais il faut y ajouter, en détail et en chiffres, d'autres dépenses qu'entraînerait une installation nouvelle.

En face de ces dépenses, on doit présenter, en chiffres toujours, l'ensemble des ressources que peut trouver l'hospice dans l'économie de ses budgets, après avoir assuré ses services journaliers, et en second lieu dans une revente des terrains où l'établissement hospitalier est aujourd'hui installé.

Dans ce cas, la Commission administrative aurait à poser les conditions de vente de ces terrains, afin de ne pas livrer le bien des pauvres aux hasards de la spéculation.

En un mot la Commission administrative doit, selon moi, dresser un tableau complet de la situation, capable d'éclairer l'Empereur « qui porte le plus grand intérêt à » l'étude de cette question. »

Cette étude faite, rien n'empêcherait, en regard des grandes considérations d'intérêt général pour la ville de Vichy et d'intérêt plus spécial pour l'hospice, de faire valoir les pertes à subir dans les produits de la chapelle et les ventes de pastilles de la pharmacie.

Mais se retrancher derrière les difficultés d'une solution, c'est méconnaître la haute intervention qui agit et, couper court par une véritable fin de non-recevoir à une étude commencée sur cette grâve question, c'est peut-être, se priver du concours de l'Empereur, et, dans tous les cas, commettre une imprudence.

Telles sont, en résumé, les observations que j'ai présentées à la Commission administrative dans la séance du 18 octobre dernier. Elles n'ont point été admises et l'on connaît la décision qui a été prise sur ce point.

J'ai demandé que ces observations fussent insérées au procès-verbal de la séance; M. le Président y a vu des inconvénients et il n'en a pas été dit un mot. A la réunion suivante j'ai protesté contre le silence de la rédaction, on n'a pas plus tenu compte des protestations que j'ai faites que des opinions que j'ai exprimées.

On m'a présenté cette délibération pour la signer ; j'ai refusé d'apposer ma signature au bas de cet acte dont je n'accepte point la solidarité, et j'ai cru devoir, dans une lettre détaillée, expliquer à M. le Préfet de l'Allier, les motifs de ce refus.

Par cet exposé rapide, on voit quelle opinion divergente a fait naître cette question d'étude du transférement de l'hospice, à mes yeux l'une des plus intéressantes qui se soient agitées à Vichy.

Je vais raconter maintenant les faits plus personnels dont cette dissidence a été la cause ou le prétexte.

J'avais à cœur, on le comprendra, d'établir que le projet d'étude du transférement de l'hospice de Vichy, dont la Commission administrative a été saisie, émane de l'Empereur.

Je voulais bien déterminer ensuite la nature et l'étendue des engagements pris par la Commission administrative vis-à-vis de Sa Majesté.

Ces preuves on les trouve dans les procès-verbaux des séances de l'administration hospitalière ; mais je n'avais présents à la mémoire ni les dates certaines, ni les termes précis des délibérations que j'ai citées.

Je me rendis au bureau de l'hospice, et, M. le Secrétaire absent, je priai M. l'Econome de me fournir, à titre de renseignements, des copies de ces délibérations.

Les copies me furent promises pour le lendemain.

Ne recevant rien après deux jours, j'allai moi-même au bureau les réclamer.

Ces copies étaient faites ; mais dans l'intervalle il était venu des scrupules à M. le Secrétaire ; il craignait de se compromettre et ne voulut pas me les livrer.

Je résolus alors de faire cette opération moi-même.

Mon service de quinzaine commençait le 1er novembre. On sait que pendant ce temps, l'administrateur de service représente la Commission administrative dont il est le délégué.

Le 1er novembre, j'entre au bureau et je demande le registre des délibérations. Le Secrétaire me l'apporte, en me faisant observer toutefois, qu'il a pour consigne de me dire que M. le Président s'oppose à ce que je prenne sur le registre aucune note écrite.

Pour les personnes peu au courant des changements administratifs survenus à Vichy, je dois dire que le Président actuel de la Commission administrative de l'hospice n'est plus M. Leroy, ancien maire.

Il n'existe, que je sache, aucun texte de loi, aucun règlement, qui même interprêtés d'une façon *judaïque*, donne pouvoir à M. le Président d'interdire à un administrateur la faculté de prendre des notes sur les registres des délibérations. A tout le monde, au contraire, il doit paraître logique qu'un administrateur ait le droit de puiser aux registres de l'administration dont il fait partie, tous les renseignements qu'il peut juger utiles à l'exercice de ses fonctions.

Je n'avais pas à m'arrêter à une interdiction surtout ainsi formulée ; j'ai pris des notes.

Le 3 novembre, je reçois une lettre de convocation pour une réunion fixée au lendemain à midi.

D'ordinaire on convoque trois jours à l'avance. Cette fois ce doit-être urgent. Je consulte l'ordre du jour il porte :

1° Pose de persiennes.

2° Communication de M. le Président.

Je pense alors pouvoir sacrifier à des affaires personnelles un service public donc l'urgence n'est pas très nettement établie, et je préviens les employés de l'hospice que je n'assisterai pas à la réunion.

Le 8 novembre, j'entre au bureau et je demande le registre des délibérations : je l'ouvre et je lis à la date du 4 :
« M. le Président fait ensuite donner lecture par un mem-
» bre, de la lettre qui lui a été adressée par M. Décoret,
» secrétaire de la Commission.

» Après cette lecture, la Commission, vu l'absence de
» M. Bulot, dûment convoqué à la présente séance et *qui
» a fait défaut,* décide qu'une copie de la lettre dont il lui
» a été donné lecture sera immédiatement transmise à
» M. le Préfet. »

Je demande à voir cette lettre du Secrétaire. C'est un rapport, sous forme de procès-verbal, rédigé par cet employé contre un membre de la Commission administrative, qui a M. le Secrétaire tout spécialement sous ses ordres pendant son service de quinzaine.

Les rôles, on le voit, étaient intervertis.

Sur assignation de M. le Secrétaire, M. le Président m'avait cité à sa barre, et on m'avait jugé par défaut.

Je ne dis rien des interprétations données à mes paroles et à mes actes, ni des appréciations personnelles de l'employé de la Commission administrative. Je n'insiste pas sur le plus ou moins de convenance de ce mode de procéder ; il suffit que l'on sache que M. le Secrétaire avait agi par ordre, ou pour être plus rigoureusement exact, par *invitation* de M. le Président.

M. le Président avait institué l'employé de l'hospice surveillant de ma personne et, cet homme s'était acquitté de son mandat avec tout le zèle d'un agent évidemment inspiré par de pressantes recommandations.

Je remets à l'employé son procès-verbal et je m'apprête à prendre des notes sur le registre.

L'idée ne me vint pas qu'on avait pu mettre sous clé

papier blanc, plumes et crayons. N'en trouvant pas sous la main, j'en demande.

M. le Secrétaire me répond qu'il ne peut m'en donner si c'est pour prendre des notes : qu'il a ordre de m'en refuser, ordre même de m'enlever au besoin le registre de force. Et comme je cherche sur moi un crayon et du papier, M. le Secrétaire s'avance vers moi, faisant mine d'exécuter sa consigne *manu militari*.

Je me lève indigné et défends à cet employé d'approcher.

Cet homme sonne alors le concierge, pour *le rendre témoin de ma conduite*, ce sont ses expressions.

J'ordonne au concierge de sortir ; il m'obéit.

Je demande alors au Secrétaire qui lui a donné cette consigne, il me répond : c'est M. le Président de la Commission.

Cependant mon service exige les objets que je réclame pour écrire. M. le Secrétaire veut bien alors me les octroyer; il ouvre une armoire et en tire papier blanc, crayons et plumes qu'il avait mis sous clé.

Je puis alors consigner sur la feuille qui m'est concédée les faits que je raconte pour les soumettre à M. le Préfet de l'Allier.

Le 10 novembre suivant, de service encore, j'entre au bureau où je rencontre M. l'Econome seul. Je le prie de me remettre le registre des délibérations ; il me répond que M. le Secrétaire est absent et, comme cet employé a reçu l'ordre de veiller aux archives, il doit tenir sous clé les objets dont il a la responsabilité — Il a emporté cette clé dans sa poche.

Le secrétaire entre à ce moment ; je lui fais ma demande,

il ouvre un placard et en sort le registre. J'y prends des notes sans obstacle.

Je réclame ensuite à M. le Secrétaire le registre contenant une délibération de 1858 dont j'ai besoin. L'employé le tire d'un casier ouvert, où jusque là avaient été placés tous les registres. J'en fais l'observation à M. le Secrétaire qui reconnaît que ces mesures de précaution en ce qui touche le dernier registre, sont prises depuis quelques jours seulement et toujours d'après l'ordre ou l'invitation de M. le Président......... assisté pourtant de M. Louis-Théodore Forissier, membre de la Commission administrative de l'hospice.

Je croyais désormais pouvoir, sans être inquiété, consulter à mon gré les archives de l'hospice, toutes les fois au moins que M. le Secrétaire-gardien n'aurait pas emporté les clés des placards.

Le 13 novembre, je reviens au bureau continuer le rôle de copiste auquel m'a condamné M. le Président.

Je prends des notes sur un registre, puis j'en réclame un second qui m'est remis. Entre alors un honorable membre du Conseil municipal de Vichy, M. Dumas, amené par des affaires personnelles au secrétariat de l'hospice.

Cette fois, je n'avais cru devoir prendre vis-à-vis de M. le Secrétaire, très calme en apparence, aucune mesure de précaution ; il était assis en face de moi.

Mais cet employé n'avait jusque-là, paraît-il, exécuté les ordres reçus que d'une façon incomplète ; ses scrupules se réveillent plus ardents. Tout-à-coup il me dit : M. Bulot, depuis quinze jours vous me rendez la vie assez dure et l'exercice de mes fonctions trop pénible, il faut que ça finisse et, soudain il se lève, avance les mains et me retire violemment le registre.

Le lecteur se figurera aisément quelle impression fit sur moi cet acte d'inqualifiable brutalité.

Me levant, j'arrache des mains de l'employé le registre et je le replace près de moi.

Un instant après je sortais avec l'honorable Conseiller municipal que le hasard a rendu témoin de cette exécution des ordres présidentiels.

Enfin, le 15 novembre, jour où expirait mon service de quinzaine, je retourne à l'hospice et je demande encore à M. le Secrétaire le registre des délibérations, qu'il me remet sans aucune observation.

Cependant, avant de l'ouvrir, je m'informe auprès de M. le Secrétaire, assis à la même table que moi, si je puis sans crainte demeurer en face du gardien des archives. Cet employé me répond : j'ai reçu l'ordre de vous communiquer les registres et *de ne pas m'opposer* à ce que vous preniez des notes, en attendant que la question soit décidée par M. le Préfet.

J'ai fait tout haut la réflexion : qu'on aurait dû commencer par là.

C'est une douce surprise, je le déclare, qui m'a fait oublier cette fois, de demander à M. le Secrétaire, si ces nouveaux ordres, pleins de bienveillance, je les devais à M. le Président seul ou à M. le Président...... assisté.

Ainsi donc, dans les circonstances que je viens de

faire connaître, au lieu d'une intervention personnelle et courtoise de M. le Président venant défendre une prérogative qu'il pense avoir et dont il est jaloux, j'ai rencontré un Secrétaire d'hospice, un homme à merci, très-convaincu probablement qu'il mérite bien de certains chefs en se faisant l'exécuteur violent des ordres qu'on lui donne, ordres dont les auteurs paraissent fuir, on pourrait le croire, la responsabilité directe.

A divers intervalles, il est vrai, M. le Président m'a traduit à sa barre :

Une première fois, le 4 novembre, sur assignation de M. le Secrétaire ; j'en ai parlé.

Une seconde fois, le 14 novembre, sur assignation nouvelle de M. le Secrétaire. Ce jour-là j'ai encore *fait défaut*, bien que la lettre de convocation portât ces mots: *Communication de M. le Président relativement au service de M. Bulot, administrateur de quinzaine*. Alors « la Commission charge M. le Président d'inviter M. Bulot *à se présenter* à la réunion qui aura lieu mardi prochain, 21 novembre courant » (Extrait du procès-verbal de la séance).

Le 21 le procès-verbal porte : « M. Bulot *ne s'est pas encore présenté* bien que sa lettre de convocation, indiquant l'ordre du jour, portât »..... les mots sacramentels déjà cités.

En effet, M. Bulot déclare ne se reconnaître justiciable, au cas particulier, ni de M. le Président, ni de la Commission.

Avant de me *présenter* devant M. le Président, j'ai désiré

connaître l'avis de M. le Préfet de l'Allier, sur les droits qu'on m'a contestés.

M. le Préfet a bien voulu me répondre, par une lettre datée du 9 décembre « que la communication du registre des délibérations aux administrateurs de l'hospice emporte, selon lui, la faculté de prendre copie des délibérations qui y sont transcrites. »

J'ai donc obtenu satisfaction sur ce point.

Mais, M. le Président a vu des inconvénients à ce qu'on insérât au procès-verbal de la séance du 18 octobre dernier, les observations que j'ai présentées au sujet de la décision prise ce jour-là.

Alors, sans rien préjuger sur le transférement lui-même de l'hospice de Vichy, je fais connaître au public pour qu'il les juge, les motifs qui m'ont fait combattre cette décision : je la considère comme une fin de non-recevoir opposée à l'engagement pris par la Commission de faire une **ETUDE** approfondie de la question dont elle a été saisie par l'Empereur. Cette étude commencée ne s'achève pas.

Je raconte ce qui a pu arriver, par ordre de M. le Président de la Commission administrative de l'hospice de Vichy, à un administrateur qui empruntait au registre des délibérations des arguments à l'appui de son opinion.

Et enfin, je demande aux lecteurs si, mieux que moi, ils découvriront quel intérêt si majeur pouvait avoir M. le Maire-Président à m'empêcher d'éclairer une question, qui ne touche pas seulement à l'hospice, mais à la ville de Vichy elle-même ?

Cusset, imp. de Mme Jourdain.

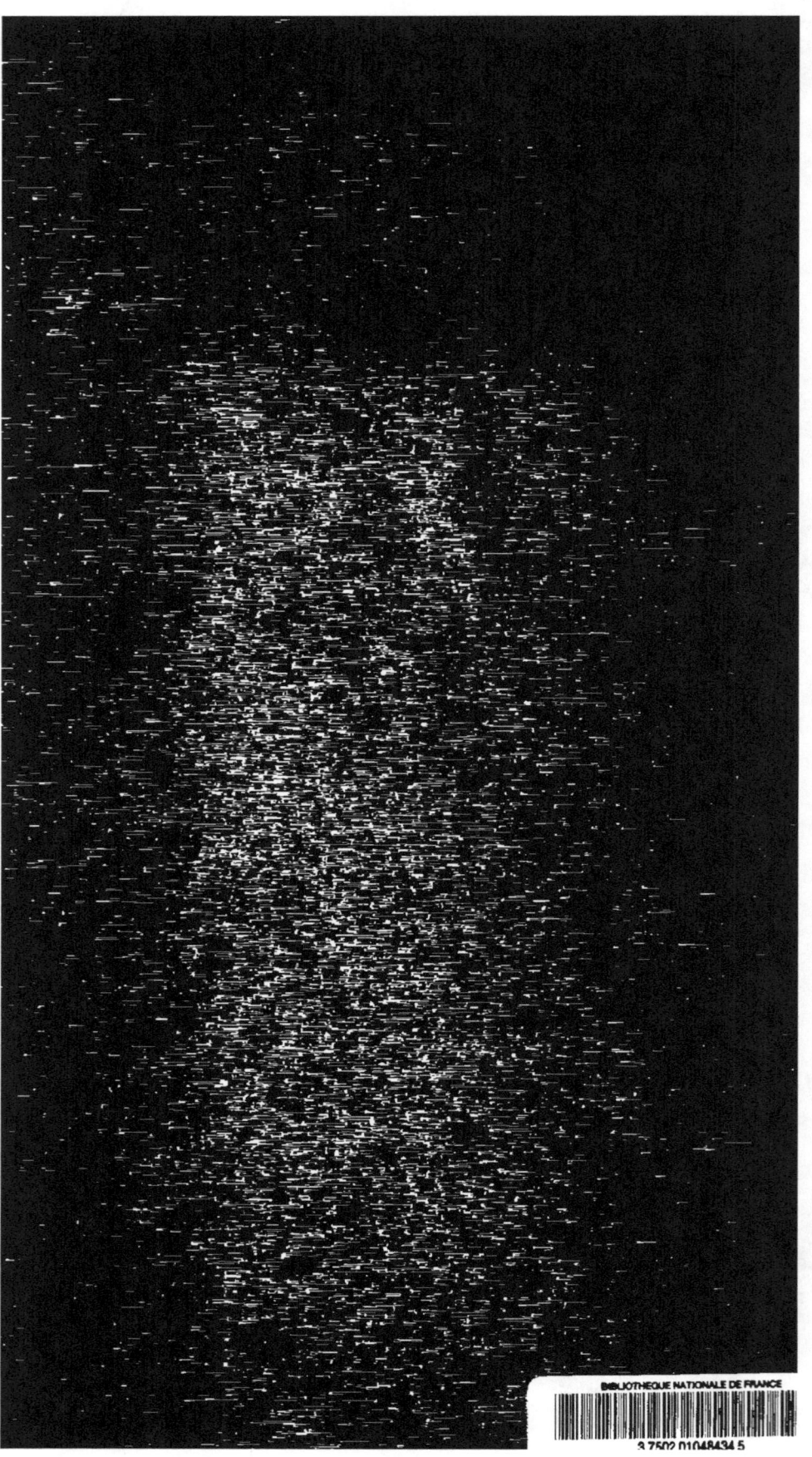

www.ingramcontent.com/pod-product-compliance
Lightning Source LLC
Chambersburg PA
CBHW060635050426
42451CB00012B/2608